JN438603

詩
사랑아 사랑아

004
다시올시인선

사랑아 사랑아

문춘식 시집

다시올

시인의 말

이렇게 비가 오는 날이면 군데군데 모인 물웅덩이에 빗방울은 나이테를 선명하게 나타내고 이 따끔 바람이라도 불면 물비늘이 일어나 테두리를 휘돌아 간다.

처마 밑에 조금씩 파이는 땅처럼 이젠 지운 줄 알았던, 아니 전혀 동요가 없을 줄 알았던 그 기억들이 담배연기처럼 잔잔한 물결을 이룬다.

속옷까지 젖고도 결코 뛰지 않았던 내 젊음 물들여 입은 군복에서 검은 물이 떨어져도 개의치 않았고 눈앞을 가로막는 머리카락 손으로 쓸어 올리며 행복도 아닌 고독도 아닌 의무 같은 그 느낌

그 후에도 비만 오면, 일부러 자전거를 타고 비를 맞이하러 갔던 날들, 바지에서 구두로, 구두에서 페달로 간 빗물이 떨어지고 철커덕거리는 체인 소리를 따라 낯선 밤길을 헤매던 때

그러다 비를 피할 수 있는 곳이면, 사람이 없는 곳이면 곁에 쌓아 둔 볏단을 끌어다 깔고 누워 한참동안 빗소리를 듣던 그 때 주머니엔 항상 드라이 진 한 병이 숨어 있었지.

목구멍으로 뜨거움과 함께 넘어가는 송진 냄새 안주가

없어 오래도록 향을 느낄 수 있었던 그 술맛, 취기로 데워진 얼굴에 쏟아지는 비, 훈훈한 행복을 느끼며 돌아오는 길은 항상 늦은 밤이었지

집 앞 가까이 다다르면 만나야 하는 개천 불 꺼져 있는 내 방이 싫어서 남 몰래 하는 이 짓이 싫어서 아무도 없는 개천에 주저앉아 불어나는 물소리를 듣다가 까닭 없이 슬퍼서, 물소리에 섞어 눈물과 함께 떠나보내던 노래.

먼 훗날 또 다시 만날 거라고, 그렇게 말할 땐 우린 울었네…….

사람아 사랑아

오늘도 아까처럼 비가 온다. 비에 젖지 않는 현관 기둥에 기대어 담배 한 모금 빨아올리니 바람이 분다 오늘 아침 샴푸로 감은 머리를 바람이 덩달아 이마를 간지럽힌다.

눈앞에 지금 막 물방울이 만든 나이테를
내가 그대가, 내가 바람이
물비늘로 지우고 있다.

사람아
사랑아
잘있거라

_moon

차례

묶음 하나

묶음 둘

묶음 셋

묶음 넷

묶음 다섯

묶음 하나

사람아 사랑아

사랑

사람아

사람아

우리의 만남은

감정의 홍수에 던져 버린

한 벌의 옷이다

이미 떠내려갈

한 페이지의 일기다

사람아 사랑아 · 1

사람아
사랑아
이젠 내버려 둘 일이다

우리의 만남은
이탈리아 르네상스 이전의 그림
원근법이 없는 한 장의 사진이다

사람아
사랑아

우리의 만남은

감정의 홍수에 던져 버린 한 벌의 옷이다
이미 떠내려간 한 페이지의 일기다

사람아
사랑아

곁에 없음을 앞세워
사랑이라 말하지 말자
다른 말로 대신하지 말자

삼투압현상도 그친 지층 위에서
화석이 된 조갑지 하나 손에 들고
단 하나라고 소리치지 말자

뜨거운 눈물은
이 땅에서는 도움이 되지 않는 것
이미 사라진 단어다

사람아, 사랑아

다른 사람이 오가는 거리 끝에
우는 사람아

모두들 웃는 광장에서
우두커니 서 있는 사랑아
그래도 울려거든
말하지는 말자

사람아
사랑아

사람아 사랑아 · 2

사람아
사랑아

내 목숨에도, 어디에
아직, 그리움이 남아 있는가 보다

복사되거나, 삭제도 없는
그리움

단 하나 뿐인
원본인가 보다

나누어 줘도
다른 이들이 현상해 볼 수 없는

어떤 기호로도
해독되지 않는
그리움

사람아
사랑아

모두들 같은 이름으로 산다는 데
내 가슴에 깊이 박힌 압정들 그대로 있더구나
마지막에 남을 것 같았던 눈물도 그 곁에 있었더구나

사람아
사랑아

이미 오래 전에 배워 버린 아픔
통곡으로 끝날 마음의 순서라면
며칠 독방에 갇혀 울어도 좋을 일이다

사람아
사랑아

할 말이 없어
그냥, 불러 보는 말
짐승같이 울고 싶구나

사람아 사랑아 · 3

사람아
사랑아

어느 낯선 길옆에 서서
남모르게 피어 있을 그리움 하나

향기 없이 하늘만 보더라도
바라만 보아야 하는 것
우리 몫이다

사람아
사랑아

이미 병든 마음에
알뿌리처럼 묻은 맹세
다시 핀들 무슨 소용인가

보내야하는 것늘과
보내지는 것들이 상관 않듯
생각 없이 보내야 할 뿐이다

사람아
사랑아

헤어지지 않을 운명이라도
이젠 애써서 보내고 말 일이다
보내 놓고 후회하지 않을 일이다

사람아
사랑아

사람아 사랑아 · 4

사람아
사랑아

사랑은
사람이 시작한 것이 아니란다

사람은 함부로 찍은 점點이며
사랑은 오래 된 대나무자로 그은 선분일 뿐

길이도 재지 않고
장난 같이 만들어 준 인연

사람아
사랑아

흐린 날 하늘을 낮추어
날지도 못하게 하는 님

걷지 못하는 그리움도
바라보지 못하는 소망도
계산된 원죄原罪일 뿐

사람아
사랑아

탓하거나,
울지도 말아라

눈물은 잘 생긴 도면圖面 위에
덧없는 얼룩일 뿐이다

사람아
사랑아

사람아 사랑아 · 5

사람아
사랑아

저 언덕 너머에
또 길이 있어

걷다가 넘어진 사람이 있어
다시 일으켜 주는 사람이 있어
그 걸 또다시 사랑이라 쓸 것인가?

부러진 연필 속에
아직도 쓸 수 있는 연필심이 있다지만

첫 맹세처럼 근본이 같아도
흑연이 다이아몬드가 될 수 없는 일

사람아
사랑아

한번 벗은 허물은
다시 입을 수 없는 옷이다

애초 사랑은
고쳐 쓰게 된 것이 아닌가 보다

사람아
사랑아

희망은 이미 늦은 주술이다
손가락 사이에 끼웠던 한 방울의 눈물이다

사람아 사랑아 · 6

사람아
사랑아

그냥 봄 개울에 재잘거리며 보낼 이유를
구태여 흙탕물 소용돌이 속에 보내지 말라

여름의 상처는 쉽게 덧나는 것
내가 원하지 않았던 이유를
가슴에 두어서 아물지 않는 이유를
자책이라는 명찰로 가리지 말라

우리가 만든 노래에 제목이 없듯
가슴에 닿는 한 소절만 기억하라

꽃은 하나의 명분일 뿐
고개를 숙이지 않는 줄기를 기억하라

부질없음도 또 다른 형상이며
마음을 버림도 또 다른 허물이다

사람아
사랑아

늦가을 줄기만 남은 맨드라미처럼
꽃 모양만 흉내 낸 닭 벼슬의 모습으로
꼭, 꼭, 꼭 먹이를 거르지 말라

시간의 셔터에 얼굴만 찍으라
눈 내린 산비탈에 모로 누운 겨울잠만 생각하라
나머지의 몫을 잊지 말아라

사람아
사랑아

사람아 사랑아 · 7

사람아
사랑아

이젠 뒤 돌아 보아도
되지 않겠느냐?

갈대숲에서
물오리 날아오르고
점으로 사라질 쯤

강기슭에
매어 놓은 나룻배
홀로 흔들리고

그 뒤쪽 흐리게 떠 있는
한 덩이의 작은 섬

아직
물안개로 가려진 사람에게
사랑이라 해도 아프지 않겠느냐

아직도
노래를 부르면 왈칵 눈물이 앞서는
이젠 차라리 뒤 돌아 보며 울어도 될

사람아
사랑아

사람아 사랑아 · 8

사람아
사랑아

과거는 가벼운 깃털 같은 것
언제든지 마주칠 수 있는 낯선 나무 같은 것

추억을 다듬던 뭉툭한 칼
녹슬고 볼품없어도

포장도 풀지 않은 독백
선반 위에 같은 모습으로 남아 있어도

이미 상처 난 마음은
눈덩이처럼 둥글게 굴리다
햇살 좋은 아침 눈사람처럼 그렇게
흔적 없이 보낼 일이다
영수증처럼 주고받던 사랑은
이미 기약이 지난 사람들이 하던 일이다

떠나야 할 운명이라면
한 번쯤 있을 수 있는 일이다

사람아
사랑아

장롱같이 무거운 그리움도
독백도, 추억도, 후회도
주섬주섬 수레 위에 싣고
깃털처럼 가볍게 새 길을 가거라

사람아 사랑아 · 9

사람아
사랑아

저렇게 붉게 타는
저 노을을 보았는가

다 타고 남아
어둠만 남긴 재를 보았는가

우리의 열정이
사라 진 하늘

그 하늘에
촘촘히 걸린 별처럼
사리로 남아 빛나고 있는
사랑이란 말들을

사림아
사랑아

우리가 하늘을 사랑하였으므로
우리가 나누어 가진 한 마디의 단어를
가슴에 닦아 두어라

사람아 사랑아

사람아 사랑아 · 10

사람아
사랑아

사랑을 만나면
사람을 만나면
주변은 모두 생략되는 법

복종도
존경도
무례함도 없이
언제나 내수면은 현재로 흔들리게 하고
과거는 뒤편에 둘 일이다
다시, 옮겨 심을 수 있는 것도 아니다

사람아
사랑아

충고도 질투도
비난도 비교도

낯선 자를 위해
울타리 칠 일도
아니다

사람아 사랑아

얕은 웅덩이는 쉽게 마르는 법
호수 같은 가슴에 깊이가 더 하도록
때로는 기다림에 눈물도 흘려 볼 일이다

사람아
사랑아

그대 사랑
모습이 안 보여도
돌아가는 사랑
뒷모습에 눈길이 가더라도

밤이면 어느 산 밑에 누워
영롱한 별을 담는
이름 없는 호수를 생각하거라

사람아 사랑아

묶음 둘

사람이 가면

사랑도 같이 가는 줄 알았더니

그게 아니였더구나

사람아

사랑아

사람아 사랑아 · 11

사람아
사랑아

태어났을 땐 몰랐던 삶
항상 갈림길에서 마주쳤던 삶

어디로 가는지도 모르는 길에서
너를 만났구나

출구와 입구를 스스로 선택하다
길을 잃은 사랑아

사람이 가면
사랑도 같이 가는 줄 알았더니
그게 아니였더구나

각자 가진 짐이 달랐고
각기 다른 나침반으로 가고 있더구나

이젠 점점 멀어져 곁뿌리로
가는 사람아

우린 산다는 이유로
더더욱 결별하고 있구나

사람아
사랑아

자꾸 발 뿌리에 걸리는 말들
나도
오늘도
묻으며묻으며 가는구나

사람아 사랑아 · 12

사람아
사랑아

내 목숨 어디에
아직 그리움이 남아 있는가 보다

복사되거나 삭제도 없는
그리움

단 하나 뿐인
원본인가 보다

나누어 줘도
다른 이들이 현상해 볼 수 없는

어떤 기호로도
해독되지 않는
그리움

사람아
사랑아

모두들 같은 이름으로 산다는 데
내 가슴에 깊이 박힌 압정들이 그대로 있더구나
마지막에 남을 것 같았던 눈물도
그 곁에 있었더구나

이미 오래 전에 배워 버린 아픔이
통곡으로 끝날 마음의 순서라면
며칠은 독방에 갇혀 울어도 좋을 일이다

사람아
사랑아

할 말이 없어
그냥 불러 보는 말
짐승같이 울고 싶구나

사람아 사랑아 · 13

사람아
사랑아

이름 모를 산 밑
황혼여인숙 벽에 적어 둔

젊은 날
우리의 주소를 기억하느냐

버릇처럼 말하던
영원이라는 단어를 아느냐
그 위에 둘렀던 붉은 하트를 기억하느냐

사람아
사랑아

우리 이제 이쯤에서
우리의 무지를 인정하자

삶이란 커다란 산 밑에는
황혼이라는 여인숙은 이미 없고
감색하늘만 젖어 들고 있드라

사람아
사랑아

가슴에 자주 켜지는 촛불을 끄고
그냥 북극성을 바라보자
이젠 너무 아파하지 말자

사람아 사랑아 · 14

사람아
사랑아

우리가 나누어 가진 행선지는 카드처럼
모서리가 날카로운 네모더라

각자 돌아가야 하는 길은
모든 레일처럼 둥글게 되어 있지 않더라

사람아
사랑아

우리 지금 밉거나 사랑하지 말자
정말이라고 전해 주고 싶던 말
그 말이 잘게 레일 위에 부서져도

스쳐가는 풍경조차 방울방울 부시져도
흐르는 눈물만은 용서하자

마음이 슬퍼하는 말
그저 하는 말이니
슬픔에 미련까지 따라 가지말자

기약은 마려움 같은 것
지금의 아픔은 욕되게 하지말자

사람아
사랑아

당신이라는 2인칭의 이름을

우리 이제
손잡이에서 놓아 보자

사람아 사랑아 · 15

저 꽃병에 꽃이 없는 것을
뒤 돌아 보는 마음에 담지 말자

누구도 도와줄 수 없는
하나 밖에 꽂을 수 없는
가늘고 긴 인연

그 것은
아무리 비껴 두어도
마지막 남은 마음마저 다치기 싫은 배려이더라

사람아
사랑아

자꾸 부르는 사랑에
사람이, 대답을 안 하더라도
일부러 못 듣는 귀머거리가
그대라고 하더라도

가늘고 긴 우리의 꽃병
성장을 멈춘 목이 푸른 꽃병

사방에 버려진 사금파리가
처음엔 유리였음을 우리 알 듯

우리도 사금파리가 되자는 그 말
그 말은 말하고 싶구나

사람아
사랑아

아픔이 몹쓸 먼지를 원망하더라도
닦기니 민지지 말사

깨어진다는 글자에
모서리 같은 'ㄱ' 자 두 개가
우리 모습처럼 나누어지지 않도록
잊자는 말도 가슴에 묻어 두자

사람아 사랑아 · 16

사람아
사랑아

도마뱀처럼 꼬리를 끊으며
앞으로만 가야하는 삶이 힘들어
뒤 돌아 가는 길

거기서 또
너를 만나는구나

8월 땡볕에도 모습을 잃지 않던 청춘
마냥 붉게만 피던 사루비아

단맛만 있는 줄 알았던 만남이
깨알 같이 많은 후회가 될줄 몰랐구나

우는 사람아
묻는 사랑아

이제 제 갈 길로 가는 길에서
뒷모습조차 보이지 않는 길에서

사람아
사랑아

이승을 사랑하여 지은 죄
저승을 미워하며 용서하자

그렇게라도 우리
마지막 인사를 해보자

사람아 사랑아 · 17

사람아
사랑아

자라지도 않는 별들 사이에
이미 나방이 된 그리움이
알을 낳는구나

손을 뻗어도 닿지 않는
항상 변함없이 같은 이름만을 쓰는 성좌들 사이에

모래알 같은 그리움의 산란
이제 은하수가 되어 어디론지 흘러가는구나

우리의 삶은
끈을 놓아버리는 풍선

보지도 못하는 배율만 높은 망원경
그 것만 사고 마는가 보다

한 포기의 줄기가 부러진 것만 보고
한살이라 하는 가 보다

사람아
사랑아

문득 낯선 별 하나가
눈물사이로 반짝이며 빛을 보낸다

그래도 손을 흔들어 주지 못하는
이유를

사람아
사랑아

나는 아직 모른다

사람아 사랑아 · 18

사람아
사랑아

침을 발라 넘기 듯
너의 한 페이지를 그렇게 말할 때

그 곁에 있는 사람들은
나처럼 모두 아플 게다

너무 사랑하여 멀리 둔 사람을
너무 쉽게 말하는
사랑 때문이다

사람아
사랑아

사람이 울어도
사랑까지 울게 하지마라

사람아
사랑아

지쳐서 마구하는 말이라도
제 가슴까지 아프게 하지마라

사람아 사랑아

사람아 사랑아 · 19

사람아
사랑아

내 호수에 오늘처럼 비가 추적거리면
굴뚝새 한 마리 날아와 꼬리를 흔든다

주지 말거라 눈길을
가지 말거라 마음까지

허구 한 날 다독거려 만든 말
헛된 맹세가 되는 구나

사람아
사랑아

이렇게 수없이 마주치는 날에도
이미 스쳐간 바람의 말에도
마음은 갈대처럼 흔들리는데

벌써
잎에서 뚝 뚝 떨어지는 빗방울을
뭐라 해야 하느냐

사람아
사랑아

잘게 떨어지는 빗방울마다 그리는 나이테
저마다 후회하는 오늘
기댈 곳마저 비에 젖은 지금
꾸역꾸역 울음을 삼키고 싶다
목청껏 이름을 뿌리고 싶다

사람아 사랑아
오늘

사람아 사랑아 · 20

사람아
사랑아

사람이라는 이유로
이별을 사랑으로 덧칠하지 말라

참새 떼 어지러운 덤불 밑에서
사랑이라는 말을 찾지 말라

잠복기간이 긴 병명처럼
언젠가는 덧날 일

사람아
사랑아

당신이 쓰다버린 몽당연필 속에도
까맣게 타다 남은 네 연필심이 있음을
지우고 지워도 미련처럼 지우개가 달렸음을

사람아
사랑아

언덕 위에서 온 바람
말없이 견디는 소나무처럼
차라리 장승이 되라

사람아 사랑아 · 21

저 언덕 너머로 지나간다 하여
물어물어 마중나간 길
길은 미끄럽고 험해도
그 시절이 지워지기 싫어 너머 간 길

마지막 인사를 나누고 싶어도
정류장에 서 있던 버스가
일상처럼 지나가고 마는구나

손을 흔들던 내 모습은
눈사람처럼 서 있고
눈만 쌓인 빈 가슴으로
서 있어도 모르는

사람아, 사랑아

마구 지워지는 세월 속에
나 혼자 웃는

묶음 셋

사람아 사랑아

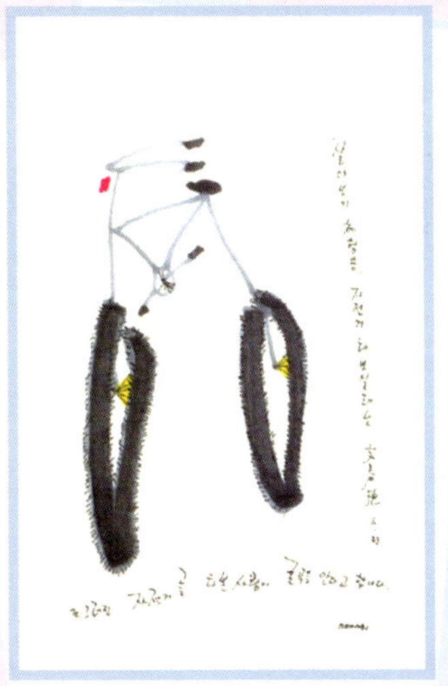

암호로 감추어진 하늘에

해독되지 않은 길

기러기는 어디로 자꾸 가느냐

사람아

사랑아

사람아 사랑아 · 22

사람아
사랑아

딱히 할 말은 없어도
이름을 붙일 별다른 이유가 없어도
실핏줄이 터지도록 아픈

사람아
사랑아

시린 밤 저 별처럼 총총한 사연들이
번져서 모양을 잃는구나

사람아
사랑아

어쩌다 뿌린 내 정원에
보이지도 않는 꽃들만 무성하더냐

암호로 감추어진 하늘에
해독되지 않은 길
기러기는 어디로 자꾸 가느냐

사람아
사랑아

묻거나 답하지 말자
만지면 만질수록 선명한 것을
그냥 나이테라 하자

사람아 사랑아 · 23

사람아
사랑아

비가 창을 건드리고
다시 만나지 말자던 맹서가 되살아 날 때

만날 수 없음에도
하지 않아도 될 맹서

큰 건물에 붙은 한 장의 타일처럼
우리의 운명은 항상 거기에 있었거늘

작은 애벌레처럼
촘촘히 걸어 갈 운명도 아니였거늘

어쩌자고 만든 언약이
후회에 후회의 알을 낳는가

사람아
사랑아

말하지 않아도 될
다짐하여 자물쇠로 잠그지 않아도 될 상처에
덧칠한 아픔

무덤위에 홀로 핀 할미꽃처럼
송이송이 빗물을 달고 있는 기억들
불러도 메아리가 없는

사람아 사랑아

사람아 사랑아 · 24

사람아
사랑아
우리의 길은 어디서부터 어긋났는가

뿌리 채 흔들리는
사람아, 사랑아

미워할 수도
가려서 구별조차 힘든

안개 속에 가려서 보이지 않아도
손을 내밀며 닿고 싶었던 가슴

이제 되돌아가기도 버거운 시간들
다시 다가가도 점점 멀어지는 뒷모습

사람아
사랑아

저기
이정표가 같은 길을 가라지 않았던가
허나 지금 각자 돌아가는 길

미안하다
사람아 사랑아

사람아 사랑아 · 25

사람아
사랑아

아무 것도 없이
가는 길에

이정표도 없는
이 길에

하나 뿐인
당신이 서 있어도
그냥 지나치거라

눈물마저 마른 호수에
한 바가지의 물음은
의미가 없는 것

울며 울며 가더라도
뒤돌아 보지마라

우리는 애초
남으로 태어나지 않았든가

사랑이란 속삭임도
사람이란 목숨도

지고 말면
지워진 기억 속에
비석 하나만 남게 되리니

사람아 사랑아
우리 이제 애태워 말자

사람아 사랑아 · 26

사람아
사랑아

문득 일기장을 넘기다가
그 속에 감추어진 우물 하나가 있더구나

나무줄기처럼 출발은 같았어도
어디쯤에 있을지 모르는 나뭇가지

사람아
사랑아

이 몹쓸 인연
사람도 사랑도 보이지 않는

서툰 감정으로만 남은
자책의 일기장

사람아
사랑아

이제는 세월의 정원에 묻고
다시 되새김질 말자

사람아
사랑아

이렇게 외쳐도
아무런 대답이 없는

사람아 사랑아

사람아 사랑아 · 27

사람아
사랑아

서로의 안부인사도 없이
각자 걸어 온 길

하도 멀어
모습이 보이지도 않는 까마득한 길

가녀린 손이 허리를 잡아
등 뒤에 따뜻하게 전해 오던 온기

끊임없이 밟던 자전거 페달 소리에
숲에 새들이 깨어나 날아가도

그냥 사랑이 아니어도
그냥 사람이 아니어도 좋았던

사람아 사랑아

이제 그리움조차
사치스러워진 세월 속에 남은

불러도 불러도
귀머거리가 된

사람아
사랑아

사람아 사랑아 · 28

사람아
사랑아

화낼 일이 아니다
노여워하거나 삶이 그대를 속일지라도

어떤 시인처럼
말로 끝낼 일이 아니다

사람아
사랑아

그립다는 말은 맞다
찾으려 할 수록 이 내 마음은 아프고

걸어서 갈수록
술이 나를 힘들게 한다

거리는 황량할수록
아름답다고 한다

비틀거릴수록 힘든
하루하루

사람아
사랑아

아름답다던 거리에는
내 어깨를 건드려줄
아무도 없다

사람아 사랑아 · 29

사람아
사랑아

가을이 떨어져
거리를 뒹군다

낙엽이 비운 가지사이로
파란 하늘이 보인다

들국화 노랗게 피는데
나비도 보이지 않는데

사람아
사랑아

계절을 잃어버린 그림자
홀로 서있구나

어차피 잊어버릴 기억이라면
흔적조차 없어야 할 텐데

사람아
사랑아

하늘을 마음껏 날아다니는
가슴 작은 참새만도 못 하는구나

사람아 사랑아 · 30

사람아
사랑아

아무리 멀어도
휘감기어도 이 길 하나 뿐

기차가 굉음을 내며 지나가는 길도
강물이 넘치는 길도
유년의 땅이 손짓을 해도

사랑은 저 멀리 보여도
사람이 다른 길을 가도
보일 것 같았던
사람아 사랑아

이제 바람만 부는 벌판에
아무도 보이지 않는구나

이제 부재가 된 이 땅에
통곡이 무슨 소용이든가
깃발을 든 들 무엇이든가

발끝이 아파도
아직도 먼 길 걸어도

사람아
사랑아

날아서 죽을 땅 한 평 없어도
가루처럼 흩어 질 바람이라도
그리워 말자

사람아 사랑아 · 31

사람아
사랑은
사람이 시작한 것이 아니란다

사람은 함부로 찍은 점點이며
사랑은 오래 된 대나무자로 그은 선분일 뿐

길이도 재지 않고
장난 같이 만들어 준 인연

사람아 사랑아

흐린 날 하늘을 낮추어
날지도 못하게 하는 님

걷지 못하는 그리움도
바라보지 못하는 소망도
계산된 원죄原罪일 뿐

사람아
사랑아

탓하거나
울지도 말아라

눈물은 잘 생긴 도면圖面 위에
덧없는 얼룩일 뿐

사람아 사랑아 · 32

남에게 못을 박기엔 너무 아파
내 몸에 사랑이란 말로 박힌 못을 빼야 했다.

내 몸에 박힌 못을 빼다 보니
아픔보다 더 아픈 너를 보았다.

정말 몹쓸 짓을 한 내가 아파도
아픈 너를 생각하며 이 밤에 뽑는다.

하나 부질없는 이 아픔.
보이지도 않는 그대

이젠 나만 아픈 추억이 되어
녹슨 아픔만 한장 한장 뽑아내고 있다.

이 밤이 아니면 몹쓸 인연이 되어
거짓말만 만들어 내는 어지러운 낙서를
하나하나 붓으로 정리하고 있다.

묶음 넷

사람아 사랑아

살아 있는 다는 것이

ㅁ처럼 짐을 가져야 한다는 것인가?

ㅇ처럼 지으면 삶이 되는가?

사람아 사랑아 · 33

사람아
사랑아

이렇게 시린 날
하늘에 별이 선명한 것은
나만 울라는 얘기다

이 아픈 날만
혼자인 나만 울라는 얘기다

추운 날이면
거리에는 아무도 없다

간만에 만나는 영업용 택시의 라이트가 밉다
건너편에 내려서 황급히 집으로 가는 그 대가 밉다

걸어서 마냥 가는 길
그냥 길거리에 눕고 싶다

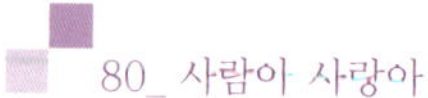

사람아
사랑아

하늘에 총총히 박힌
별을 바라보고 싶다

이렇게 시리고 추운 날
두드리는 것이
용서가 안 되는 세상
따뜻한 연기가 피어오르는
그 집 문밖에 서고 싶다

사랑아 사람아
이렇게 시린 날에는
술에 취한 20대처럼 바지에 온기를 느끼며
별을 보고 싶다

사람아 사랑아 · 34

사람아
사랑아

살아 있는 다는 것이
ㅁ처럼 집을 가져야 한다는 것인가?
ㅇ처럼 지으면 삶이 아닐까?

살자 맹세 했건만
면도 하다 떨어진 종이처럼
자살이 되고 마는 걸까?

이만큼 살았다면
녹슨 기관차가 되어
이제 밀어도 되는
불도저가 돼야 산다는 걸까?

물음만 남는 세상.
뒤집혀도 웃고 마는 세상

삶이 가진 모습
산다는 것이 힘들기에
ㅁ처럼 같은 내 방에 숨 죽여 야지

사람아
사랑아

이제 보이는 언덕 위에
보기 싫은 등대처럼
ㅇ의 집이라도 짓고 싶다는 생각 버려야지

사람아 사랑아 · 35

사람아
사랑아

지금 새벽 4시가 지나고
몇 분이 지났든가

환히 켜진 편의점을 향해
멀리 걷는다

술을 사러가는 길옆에
생계를 위해 시동 걸고
누워 있는 방이라 누운
한 사람이 보인다

모두가 꺼진 창문에
잠시 누워 잠든 그 한 사람
훤하게, 그 한 사람만 보인다

사람아
사랑아

시동보다 반 박자 늦은
수명 다한 형광등, 그 방이
껌벅인다

환한 편의점에서 건진 새벽을 안고
돌아오는 길
차도 없고 형광등도 보이지 않는다

내 손에 걸린 술병소리
추위에 버려진 강아지만

사람아 사랑아
짖는다

사람아 사랑아 · 36

사람아
사랑아

당신께 지금 가오리
내가 태어나 오늘날 까지 살아 있으면
당신께 가오리

가끔 뛰어 올라 짝짓기에 놀란 소리
젊은 모습은 그러해도 그대에게 가오리

내가 날개 짓이 안 되어 산소가 없어도
우아한 날개 짓으로 헤엄쳐 가오리

사람아
사랑아

무중력이 지배하는 이 바다에서
당신 앞에 한 마리의 쥐가 되어도
내 눈먼 사랑은

당신께만 달려
나는 가오리

사람아
사랑아

* 그 당시 큰 쥐가오리의 생태를 보고 쓴 글

사람아 사랑아 · 37
– 소금쟁이

사람아
사랑아

아직 연못에서 살지만
취업 준비 중이에요

이미 날개를 가진
모든 이가 잠든 날

표면장력이 있는
내 다리를 이용해
날고 날아

강

면접 준비 중에도
그 곳에서도 연습 할거 예요

바다가 내 고향인
소금만 제 꿈처럼 보이는 걸요

푸르고 푸른 것을
푸르게 삼키고
쓸쓸한 것을
쓸쓸하게 건너가는

사람아
사랑아

원래 내 이름
기어이
찾고야 말기예요

사람아 사랑아 · 38
- 죄

사람아
사랑아

굴곡이 많은 수평선에 누워
운다

문을 열고나서니
온통 내 죄 뿐이다

문을 여니
계단을 내려가는 구둣발 소리며
남모르는 길을 가며 말없이 웃는 소리며

계산도 잘못임을 알아 오천 원을 더 꺼내 주는 소리며
빨간 불이 꺼진 제법 큰 아파트를 보며
이젠 보이지도 않는 강아지의 울음소리를 들으며
지나 만 오고가는 내가 밉다

글자처럼 애써 만든 내 여섯 가지
죄가 더 밉다
계단만 살아남은 3층
수평선만 보인다

사람아
사랑아

바보 같이 또 운다
말없이 사온 술병도
따라서 운다

사람아 사랑아 · 39
– 아직도

사람아
사랑아

지난겨울 떨어진 낙엽이
아직도 뒹구는 봄날

거리는 비워져
황량하기만 합니다

살기 위해 돌아가려 연습중인
철새들만이 논에서 잠시 쉬고

나만 까닭 없이
먼 여행의 꿈을 꿉니다

이곳을 떠난 들
무슨 소용이 있겠는가마는

사람아
사랑아

아직도 살아 있기에
홀로 뒹구는 낙엽을 보고 있기에

그 이유를 아직도
그 곳에 붙입니다

사람아 사랑아 · 40
— 시인

사람아
사랑아

시인은
돈이 없다

시인은 이름만 가진
허수아비다

사람아
사랑아

말하지 말라
진정 시를 쓰는 시인은 없다
문학이 아픈 줄 알며
아픔 없이 뛰어든 그들이 더 밉다

책방에 어렵게 만든 책이라도
신간 서적이 놓이지 않더라도
표지가 잘 만들어졌더라도
읽지 않음이 더 많더라도
사지 않음이 더더욱 많더라도

사람아
사랑아

시인은 외롭다
시시껄렁한 사람은 친분이 없다
바보가 되지 말고자 했던
나는 혼자 웃는다

나는 수상 경력 없이 살아온
34년 된 아픈 사람이다
그래서 나는 웃는다

사람아 사랑아 · 41
– 갇혀 사는 사람들

사람아 사랑아

거리는 늘 숨겨진
사람들만 끼리끼리 모여 산다
깃발을 든 자와 그를 따르는 자
우리 함께 라는 말은 잊은 지 오래 되었다

늘 거리는 북적이지만
소외 된 사람은 보이지 않고
숨어 있는 이만 깜깜한 울타리에 기웃거리며 산다

아침이면 안개 속에
흰 입김 내 뿜으며
하루를 시작하는 사람이 보인다

하루하루가 보이지 않는 유리벽에 갇힌 사람은
스스로 갇힌 줄 모른다
거리는 늘 숨겨진 사람들만
낡은 연립주택에 끼리끼리 모여산다

묶음 다섯

사람아 사랑아

걸어서 가는 길
맞춤법 없이 가는 길
삐뚤삐뚤 가드라도
내가 누울 집 있어
올라가야 한다

사람아 사랑아 · 42
- 칼

사람아
사랑아

언제부턴가 가슴 속에 살기 시작했다

반짝이던 비수의 꿈은 녹슬어 떨어 지고
나만의 칼을 갈아서 품고
나만의 의미를 부여 했다

어느날 칼 한자루를 던져 버렸지만
그 다음날이면 두자루의 칼을 준비해야만 했다
애초 꿈과는 상관없는 일이였다

밤이면 버린 칼들이 옆구리를 찌르고
돌아 누우면 홀로 피를 흘리는 일로 살아 왔다

시든 해바라기처럼 고개를 숙여야 할 때도
격정의 그 날을 위해 칼을 가는때가 있었다

사람아
사랑아

오늘 계단을 내려 오며
가슴에 숨긴 한자루의 칼을 만져 본다
아직도 칼은 그대로 있었다

사람아 사랑아 · 43
– 북해도

사람아
사랑아

바람이 눈을 거느려
길이 보이지 않는다

마음을 건너가는 고속도로는
경찰이 길을 막고

돌아서 가는 길
한 치 앞도 안 보이는 눈

체인도 없이
잘도 간다

아무 것도 보이지 않는 길
북해도에서만 있다는 교통표지판이
힐끗힐끗 붉게 나타난다

사람아
사랑아

따라만 가는 세상
온통 흰 색 이여서 마냥 따라만 가는 세상

길을 잃지 않고 가는 세상
눈발이 뿌리지만 나에게도 있었던 세상

나에게 운명은
이 기다림 밖에 없다

사람아 사랑아 · 44

– 달팽이

사람아
사랑아

이곳 4층
걸어 올라가긴 너무 밉다

내가 살아 있는 동안
엘리베이터 없어도 좋다
재건축이라며 웃는
그런 명제가 싫다
걸어서 가는 길
맞춤법 없이 가는 길
삐뚤삐뚤 가드라도
내가 누울 집 있어

달팽이처럼 제 길 찾아오는
이곳 4층
밉거나 좋거나
올라가야만 한다

사람아 사랑아 · 45
– 겨울

사람아
사랑아

황혼이 만든 저수지
제길 찾아와 음영으로 앉은 철새

바람만 가진
억새풀이 희게 흔들리고 있다

사람아
사랑아

겨울이다

사람아 사랑아 · 46
– 증발

사람아
사랑아

뼈와 뼈를
부싯돌로 삼아
보고 싶은 불꽃

넘어 지고 쓰러지고
물감과 망가진 사진기들

일어나 앉으면
상형문자처럼 등에 붙은
홀소리, 닿소리

사람아
사랑아

생각보다 큰 겉넓이를 가진 절망
표면장력에 걸린 세상

돋보기로만 보여
증발을 꿈꾸는 내 뼈들

사람아 사랑아 · 47
– 옹알이

사람아
사랑아

소리가
소리 없이 떠내려갑니다

본성을 잃은 소리
하여, 개울은 강물로
강물은 바다로 흘러갑니다

황지사 연못에 뿌린 눈물은
낙동강에 떨어졌다는
오리알 찾으러 갑니다

소리가 소리 내지 않는다는 그들 따라
굽어 가는지 휘어져 가는지 모르지만

하류에 피어나는 삼각주가 그리운
말을 잃은 나는 벙어리

사람아
사랑아

소리가
소리 없이 떠내려갑니다

사람아 사랑아 · 48
– 자책

사람아
사랑아

잠과 꿈이 같은 이불 속인가
이 시각 누우면 꿈인가, 잠인가

낮과 밤이 없이 사는 하늘은
나만의 백야 인가

사람아
사랑아

나도 할릴 없이 사는 게 아닐게다
길은 아직도 안 보이지만

누에처럼 첫잠노 못자는 나는 바보 일게다
아직 세번의 잠은 멀기도 한데

잠과 꿈이 얽킨 이 이불 속에
아직도 누워야 한다면 또 누워야지

사람아 사랑아 · 49
– 아침

사람아
사랑아

세상은 매일
아침이란다

눈물나도록 고마운 말이다
스물 네 시간 자는 것도 어려울 게다

지금 깨어난
그리고 이렇게 타자를 치고 있는

세상은 매일
아침이란다

그리움도 지워 버린
그런 생각조차 잃어버린 밤

니 혼자 생각에
내일도 아침으로 깨어나야 하는데

사람아
사랑아

세상은 매일
아침이란다

Moon Chun-sik

다시올시인선 004

사랑아 사랑아

지은이 | 문춘식
펴낸이 | 김영은
초판 1쇄 펴낸날 2012년 3월 30일

펴낸곳 | 도서출판 다시올
등록번호 | 제 310-2007-00028
주소 | 서울시 노원구 월계4동 382-55
전화 | 070-7431-5941
팩스 | 031) 855-5941
메일 | maxim3515@naver.com

값 10,000원

ISBN 978-89-94414-24 03810